冲段必备

化繁为简学围棋

小目低挂一间低夹

邹俊杰 著

U0139780

山西出版传媒集团　书海出版社

图书在版编目（CIP）数据

化繁为简学围棋. 小目低挂一间低夹 / 邹俊杰著
. —太原：书海出版社，2023.5
ISBN 978-7-5571-0109-1

Ⅰ. ①化… Ⅱ. ①邹… Ⅲ. ①围棋—基本知识 Ⅳ.
①G891.3

中国国家版本馆CIP数据核字（2023）第057359号

化繁为简学围棋. 小目低挂一间低夹

著　者：	邹俊杰
责任编辑：	张　洁
执行编辑：	侯天祥
助理编辑：	王逸雪
复　审：	崔人杰
终　审：	梁晋华
装帧设计：	谢　成

出 版 者：	山西出版传媒集团·书海出版社
地　址：	太原市建设南路21号
邮　编：	030012
发行营销：	0351-4922220　4955996　4956039　4922127（传真）
天猫官网：	https://sxrmcbs.tmall.com　电话：0351-4922159
E-mail：	sxskcb@163.com　发行部
	sxskcb@126.com　总编室
网　址：	www.sxskcb.com

经 销 者：	山西出版传媒集团·书海出版社
承 印 厂：	山西出版传媒集团·山西人民印刷有限责任公司

开　本：	787mm×1092mm　1/32
印　张：	5.125
字　数：	80千字
版　次：	2023年5月　第1版
印　次：	2023年5月　第1次印刷
书　号：	ISBN 978-7-5571-0109-1
定　价：	20.00元

如有印装质量问题请与本社联系调换

前　言

哈喽，大家好，我是邹俊杰。熟悉我的朋友们应该知道，我之前写过一套围棋系列书籍叫做《变与不变》。这一晃，都快十年了，无论怎样"变与不变"，围棋终究是变了。AI的出现，给围棋技术带来了革命性的变化，很多下法被淘汰，同时，也有了很多创新的下法。怎么说呢？

AI的出现，让我们所有的围棋人，都重新开始学习围棋。这次，我就是来和大家分享我的学习笔记的。

我们都知道，AI具备着超强大的算力。因此，AI的很多招法背后的逻辑是难以理解的。并且，它是机器，只告诉你胜率，一个冰冷的数据。它没法告诉你它的逻辑推理过程、它的思考方式，您只能自己去揣摩。它也没有情感，不知道人类擅长掌握什么局面，棋手之间的风格差异和个人喜好。所以，即使是顶尖的职业选手用 AI 学习，AI 也不能教授他们如何控制局面，将局面简化并把优势保持到终点。因为，AI 只会告诉你：胜率！胜率！胜率！

对不起，这个胜率是 AI 眼中的胜率，不是你眼中的胜率！就像乔丹告诉你，他可以在罚球线起跳，并且在空中滑行的过程中，抽空想想今晚是吃披萨还是牛排，喝哪个品牌的红酒。然后，再将篮球轻松地灌进篮筐。对不起，你就是原地扣篮也是不太可能的事，更别说罚球线扣篮了。

所以，AI 的招法我们是需要简化地学习的。也就是说，化繁为简，放弃一些复杂的下法，找到相对简明又能控制局面的下法，这才是关键！如同健身一样，每个人能力不同，训练力量的强度则不同。咱们必须找到适合自己的下法，这才是最重要的！毕竟，围棋需要咱们自己去下，你不能总拿着 AI 的胜率去指点江山。如果靠嘴下棋可以赢棋，我想我也可以和乔丹较量一下篮球啦。

好啦！讲了这么多废话，我写这套书的目的是什么呢？我就是想让大家轻松地学习 AI 的招法。

无论是开局定式还是实战常型，我都想把我对AI下法的理解，配合全局的思考，以及我个人对局面的喜好呈现给大家，让大家能更好地理解和掌握一些流行的下法。

我们都知道，围棋始终是计算的游戏。提高计算力最好的方式就是做死活题。但当你有了一定的计算基础，掌握一些流行定式和实战常型的下法就是如虎添翼，会让你的实战能力得到极大的提高！

而光看AI的胜率是很枯燥的，它没有情感。人类的柴米油盐酱醋茶、琴棋书画诗酒花，AI完全不懂！并且，围棋中很多非常复杂的战斗，即使有AI辅助，人类依然很难搞明白。

所以，我就想，咱能不能化繁为简，让大家轻松学AI呢？

我想试试看！希望这次出版的系列作品，能给大家带来精神的愉悦和棋力的提高。如果一不小心，能帮助您多赢几盘棋，升个段啥的，我就非常愉快啦！

图一

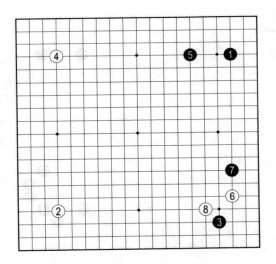

同学们好，本册咱们来讲讲"小目低挂一间低夹"的下法。

这是最近比较流行的夹击定式，以柯洁为首的顶尖高手都非常喜欢使用。

下面，我们就来重点讲讲白8飞压的变化。

太好啦！邹老师，我一直比较困惑此局部的变化，好像挺复杂的。

放心！邹老师有"化繁为简"大法，一定包您满意！

图二

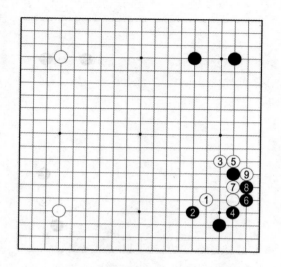

我们先来看看白1跳的变化。

邹老师，说好的飞压呢！

别急嘛！您去西餐厅吃饭，不得先吃前菜开胃，主菜得最后上啊！

图中至白9的进行是我小时候学过的定式（唉，暴露年龄了），现在已经被淘汰了。理由很简单——白棋没目啊！实际上，我小时候学围棋，老师教我此定式时，我就不喜欢白棋，很排斥，几乎没这么下过。所以，我们学围棋一定要有独立的思考，老师教的也未必是正确的！

图三

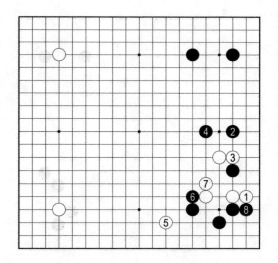

　　因此，上图中的白5，必须在本图1位下立！

　　接下来，黑2是在此局面下，我给大家推荐的比较简明的下法。黑4跳起，在上边筑起漂亮的阵势。

　　白5拦逼，黑棋就老实防守即可。

　　至黑8，是双方都可接受的局面。

　　白棋要比上图的进行好不少！

图四

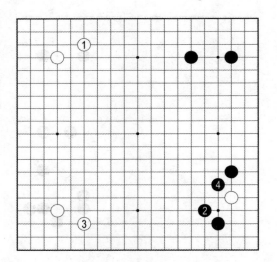

白棋脱先，黑棋角上该如何定型呢？

邹老师，我要学飞压！

稍安勿躁。

既然讲到这里，就容我啰嗦几句。

右下角轮黑棋下，黑2小尖是普通的进行，但总觉得缺了点什么？

邹老师，我觉得黑棋堂堂正正，没缺啥啊？

激情！缺了激情，少了追求！

图五

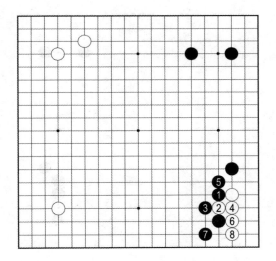

邹老师，您的意思是要紧凑一些，那黑1压住，怎样？

真不错！黑棋的下法可谓又紧又臭！

白棋角活这么大，黑棋外围也不厚，黑棋得到了啥？

邹老师，是您说要有追求的。

追求效率是要有规划的，光靠激情可不行！

图六

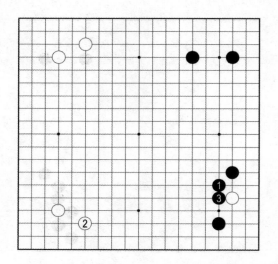

　　黑1小尖是局部可考虑的补棋手法，强烈推荐给大家！

　　白2如果继续淡定脱先，黑3加补一手。

　　我们可以拿此图和图四作个比较，黑棋角上明显厚实一些。

　　因此，本图的结果黑棋可以满意。

　　当然，黑棋只是稍好，差距不大。

　　原来如此啊！邹老师，我明白了！但好像还缺了点什么？啊！邹老师，还缺啥？

　　缺打赏！

图七

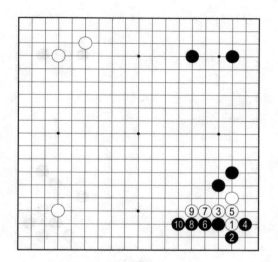

白棋角上直接动出会如何？

白棋的下法过于直白啦！

围棋高手下棋，追求的是行云流水，要听得到哗啦啦的流水声。

白棋这行棋，我听到的就是铛铛铛的，很硬的，节奏单一乏味的打铁声，毫无美感！

图八

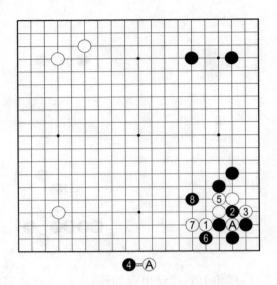

④＝Ⓐ

白1反打比上图要好。

不过，黑6虎完之后，黑8点方，帅气！

此手一出，粉丝又多了一排。

接下来，白棋苦战难免。

因此，可以看出上图中，白3虎是有问题

的！

图九

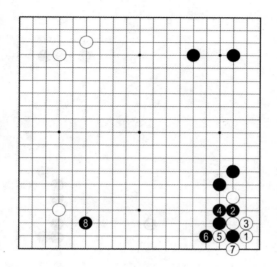

白1往角里扳，黑棋该如何应对？

黑2是最朴实的下法，至黑8，黑棋争到先手，而白棋活角之后，黑棋外围有些薄。整体来看，黑白双方各有所得，都可接受。

但好像缺了点什么？

邹老师，您这句话一出来，肯定是说黑棋有更好的下法。

哈哈，心思都被您猜透了，今后不好在江湖上混啊！

图十

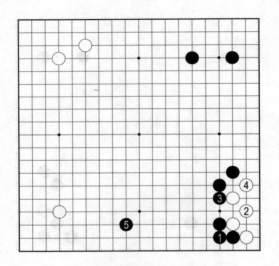

黑1粘，是我更喜欢的选择。

看起来黑棋似乎很老实，跟着白棋应。

但有时候，不反抗就是最大的反击！

邹老师，这话好深奥啊！

藤泽秀行老师说过，要学习哲学，才能下好围棋！

至黑5，和上图比较一下，黑棋外围更厚，下边更易围出实地。

因此，我认为此图黑略优于上图。

图十一

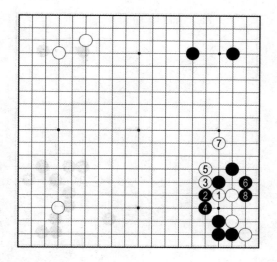

白棋冲断，是 AI 老师建议的一种变化。

至黑 8，AI 老师认为，双方差距不大。

我的修养和境界远远够不到 AI 老师的视野。

我必须说出内心真实的感受——黑棋这么肥的角，有啥不满呢！

我得对 AI 老师说声抱歉啦！您有您的建议，我有我的坚持，爱谁谁！

图十二

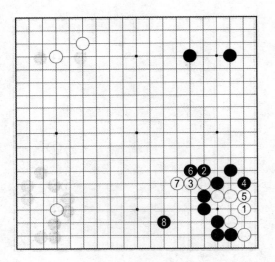

白棋此时活角也是一种选择。

至黑8，是一场双方难以把握的混战。

但我个人，依然是支持黑棋！

好啦，说下结论。黑棋夹击时，白棋脱先是一种避开角上战斗的下法。而右下角，黑棋小尖是局部的最强手（看图六）。我个人认为，在此局面下，是黑棋稍稍有利。而 AI 老师认为，双方差不多。

那邹老师，我该听谁的？呃……

遵从您自己的内心，燃烧吧，小宇宙！

图十三

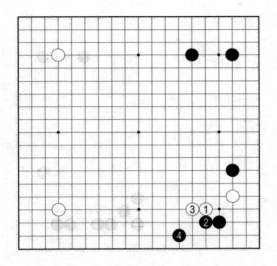

好啦，开始讲飞压了，都等着急了吧！

在讲黑棋冲断之前，我们还是先讲讲爬。

毕竟，先学会爬，我们才能学走路。

如果简单的都搞不明白，复杂的咱就更别提了。

并且，对于黑棋来说，冲断并不是必需的，黑2爬也是局部的一种选择。

黑4飞，是此时的正解。

这是职业高手的对局中经常出现的棋形。

那么，接下来白棋该如何定型呢？

图十四

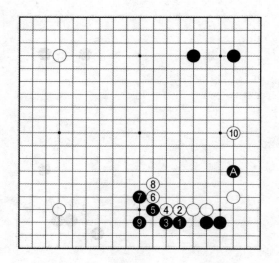

黑1跳，不可取。

看过我上个系列"小目低挂二间低夹"的同学们，应该会很清楚。

邹老师，我没看过。

那还想啥呢，赶紧去买书啊！

白2简单压，处理即可。

黑A位的子，太靠近白棋厚势了，作战白棋有利。

图十五

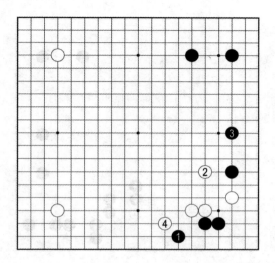

回头来看看，黑1飞，白棋此时该如何定型？

实际上，白棋局部的选择还有很多种。

我给同学们推荐的是比较容易理解的下法。

白2蓄力，先把自己补强，然后压迫角上黑棋，是我认为比较好掌握的下法。

图十六

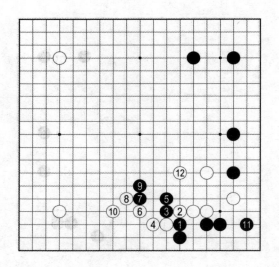

黑1、3冲断。

总有一些自恃力大，不知好歹的对手，在棋盘上到处挑衅。而围棋上完全避开战斗是不太现实的，以德服人只是一种理想。关键时刻，还是得靠枪杆子！

白6是局部的好棋形。

白10补断点，黑11防守角部，至白12形成乱战。就我个人认为，外面黑白两块棋对跑，白棋的眼形比黑棋好，全局的实空也不差，白棋没有惧怕的道理。

图十七

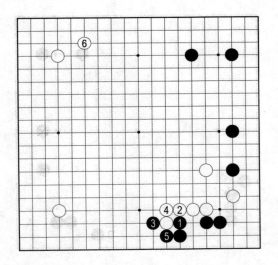

邹老师，黑棋3位夹过如何？

如此就明朗了。

谁明朗？

当然是白棋明朗了！

黑棋下边子位置太低了。白棋多了2、4，整体变厚，脱先抢大场即可。白棋明显好调！

图十八

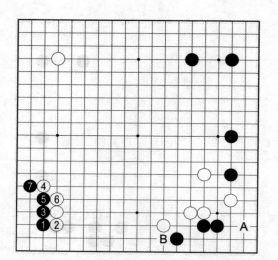

记住邹老师之前教过的内功心法——走不好的地方即脱先！

右下角，白 A 位飞，黑则 B 位爬活。

白如 B 位挡，黑则三路先冲，交换之后于A 位跳，守角。

总之，右下角 A、B 两点黑棋必得其一。

如此，是双方都可接受的局面。

图十九

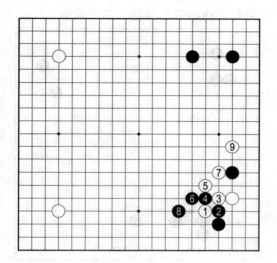

好啦，我们要上主菜啦！

来看看，黑棋冲断的变化。

"哇！终于等到了，急死我啦！"

莫惹我，同学！否则，再给您讲讲别的故事！

黑棋冲断之后，黑8小尖是目前职业高手的共识。

AI老师认为，在绝大多数的情况下，黑8是局部最佳的选点。

注意，我说的是绝大多数的情况！

第23届农心杯三国擂台赛

申真谞执白对芈昱廷 白中盘胜

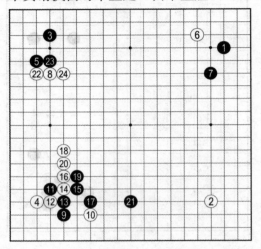

围棋之所以魅力无限，是因为棋盘上的变数太多，当全局配置不同时，招法上就会有些调整。正是因为没有标准答案，围棋才成为了公认的最酷的棋类游戏！

看看这盘职业高手的比赛。

考虑到上边的配置，小申没有走常规定式，而是选择了18位跳，可谓不走寻常路。白22挡下之后，左边形成了漂亮的阵势。所以，定式是死的，人的思想是活的，有思想才能有灵魂。

图二十

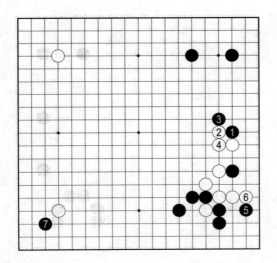

接着图十九的进行，我们来看看后续的定型手法。

黑1、3、5一套组合拳，目的就是让白棋棋形重复。

打完收工，黑7脱先抢大场即可。

如此，是双方都可接受的定型。

邹老师，白棋就这么老实地跟着应吗？

该是人家的权利就给人家嘛。这是对人家合理诉求的基本尊重，我们保持风度就好。

图二十一

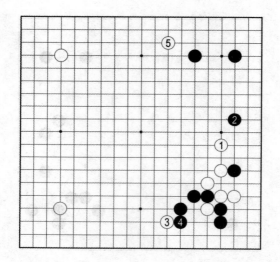

如果您不喜欢上图的白棋。

白1跳，也是不错的选择。

黑2拦逼，白3点是下边局部的棋形要点。

黑4挡，白棋先手便宜一下，抢占5位的大场。

如此，也是正常的进行。

邹老师，我忽然有一个"邪恶"的想法。

图二十二

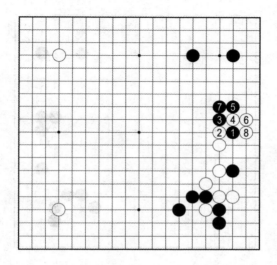

我知道您想干嘛!

黑1、3就是想还原到图二十。

但此一时,彼一时。

现在,白4可以断,至白8,黑棋反倒吃亏

了。

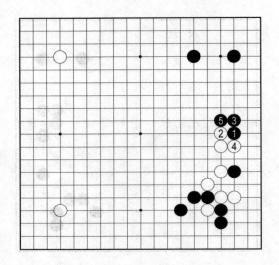

黑如3位退，自身就变重，黑5就不好意思脱先了。

如此，黑棋局部落了后手，稍有不满。

因此，黑1点的下法可以尝试，但不推荐。

图二十四

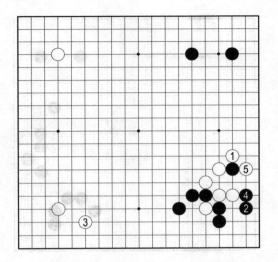

白1扳的补棋方式也是可以考虑的选择！

扳的好处是，黑2跳不是绝对先手，白棋可以脱先，而弊病是，速度有些慢。

下围棋就是如此，总是有利有弊，不可能啥好处都您占，鱼与熊掌不可兼得，要学会平衡取舍。

注意！黑2跳是后手，至白5，黑棋获利不大，全局速度有些慢了。

因此，黑2应脱先抢占大场。比如：点三三，或者3位挂角，都是黑棋可考虑的选择。

图二十五

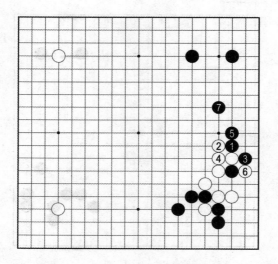

黑1夹，是今后留有的后续手段。

不过，现在夹，时机有些早。

白2虎，将黑棋走重，不让黑棋脱身。

至黑7，黑棋局部落了后手，未必便宜。

我个人认为，黑棋还是先抢大场为好，今后伺机瞄着黑1的手段。

图二十六

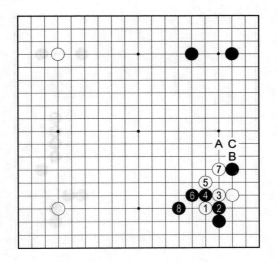

好啦，总结一下。

我们之前讲到，黑8小尖时，白棋有A、B、C三种补棋方式。

这三种补棋方式，各有利弊，差距都不大，很难说哪个更好。我个人来说，会喜欢C位的补棋方式多一点点。理由——白棋守住的实地似乎看起来多一些。

邹老师，看来您还是太现实了，俗！

不要气我！您清高，您视金钱如粪土，您下棋的时候把空都给我！

图二十七

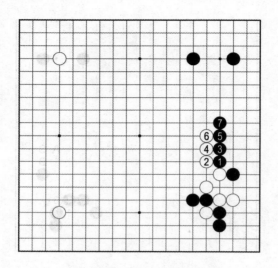

其实，一间低夹的定式挺简明的。上图的总结讲了，双方各自安好，和平共处。

但总有些"讨厌"的对手是"战争狂"。

黑1扳起，局面一下就乱了。

实际上，黑棋的下法是有些过分，但咱们又不得不防。

不然，对局中遇到"战争狂"，咱总不能现场讲道理吧。

子曾经曰过……

所以，必须整明白！

邹老师，我有一个疑问，白6压一定能走到吗？黑棋能反击吗？

好问题！先来解答您第一个困惑！

图二十八

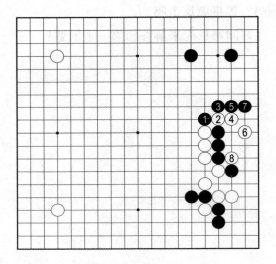

黑1扳可能是有些同学所担心的。

白2断，严厉，黑棋难以招架。

黑3不能用强，白6小尖是局部的好手段。

白8断，黑棋被吃，明显不行。

邹老师，黑7这是送死嘛。我堵另一边呢？

图二十九

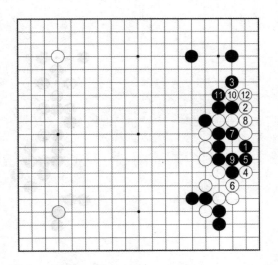

黑1靠这边会复杂一些。

白2虎，黑3只能跳。

大家注意！黑3如在12位扳，白则10位断，黑棋外围崩了。

白4以下至白12是命令式的进行。

接下来的对杀会怎样呢？

图三十

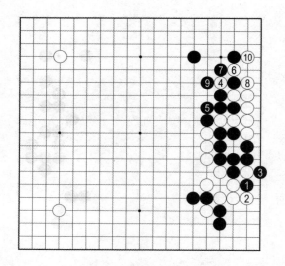

黑1、3做活下边，白则4位断，黑棋外围有缺陷。

黑5需要补双叫吃，至白10，白棋上边也活了。

双方都活了，只不过，白棋活到了黑棋的大本营里。

黑棋全局实地不足，白棋明显占优。

邹老师，这个图很好判断，我明白了。那黑1如果选择和白棋杀气呢？黑棋不是有眼嘛，难道不是眼杀？

图三十一

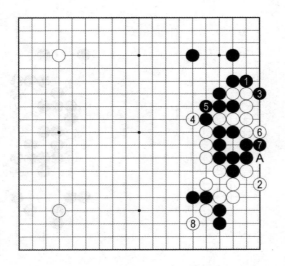

黑1从这里紧气，白2虎是局部的关键！

注意看，里面不是眼杀。

白6弯，局部留着一个打劫。

至白8，我们可以看到A位留着一个"定时炸弹"，对黑棋的负担太重了。白8小尖的时候，黑棋得随时提防白棋引爆炸弹，下边根本不敢和白棋正面应战。

此图，黑棋随时都有崩盘的可能！

图三十二

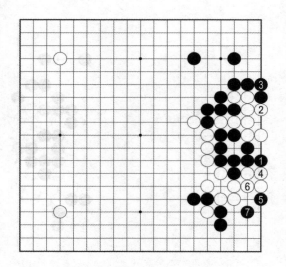

因此，上图中的黑7只能在1位弯。

邹老师，这我会！白棋2位打吃，里面双活了。

嗯！计算力是不错的，就是大局观太差啦！

右边双活的价值大概也就20目棋。

黑5、7得到的价值已经不少于20目了，并且，还威胁着白棋整块棋的安危。

一手好牌，被您打得稀烂！

图三十三

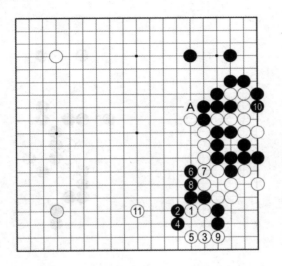

白1贴，先抢攻下边才是更紧要之处。

白5双之后，黑棋外围太薄，吃不住白棋，只能弃角。

至白11，我们与上图作比较，优劣肉眼可见。

今后，白A位压，外围还能有些便宜。

本图，黑棋呈大败之势。

邹老师，白棋放弃活棋，实在是高啊！

"有的人活着，他已经死了，有的人死了，他还活着。"

下好围棋，咱们得懂点哲学！

图三十四

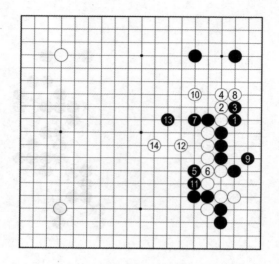

当白棋断的时候，之前讲了黑棋上面打是吃不住白棋的。

因此，黑棋只好1位打吃。

过程中，黑7如走8位爬，白可7位征吃黑棋，黑显然不利。至白14，形成混战的局面。

本图，AI老师认为是白棋有利。但同学们也不要太得意，这种乱战的局面是不太好把控的。所以，对局中切勿掉以轻心！

邹老师，白8位拐是先手吗？我有点担心黑棋脱先。

图三十五

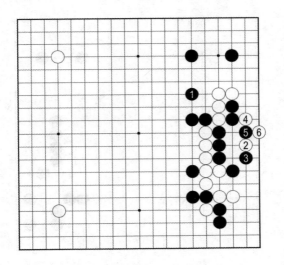

我知道您担心的是黑棋反杀过来。

但实际上，这是令人期待的一手！

白2点，击中黑棋要害！黑棋气太紧了，

至白6，黑棋难以为继。

图三十六

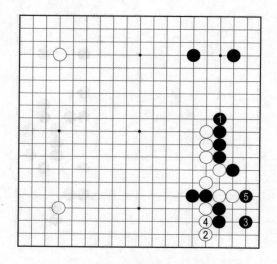

通过以上的变化，我们可以得出结论，黑棋扳，作战不利，只好1位长。

接下来，白棋该如何应对呢？

邹老师，我知道！以前的《围棋定式大全》书里，白棋会2位跳下，至黑5托过，我印象中是这样的进行。

记忆力不错嘛！不过，知道这样"古老"的下法，无形中也暴露了年龄。所以，今后此类暴露年龄的下法，咱们心照不宣就好。

图三十七

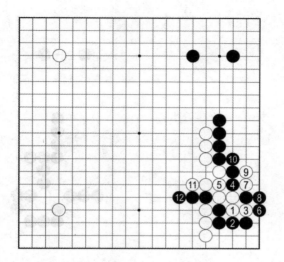

接下来是命令式的进行。

但同学们注意，白11的先手贴，一定不要漏掉啦！

否则，被黑棋11位先手打吃，白棋将后悔莫及！

图三十八

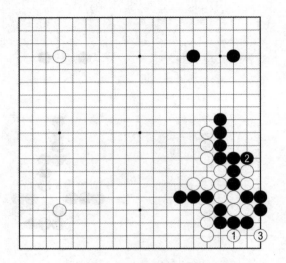

接下来，白棋1位托是局部的好手段。

黑2拐，不好。白3一路跳点是精彩的手筋。

黑棋气太紧，不能反击。

图三十九

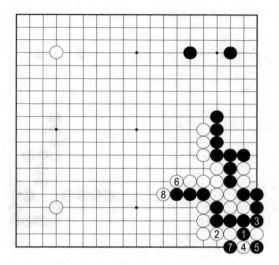

黑1冲，真有不信邪的！

白2接上之后，角部是个劫。

白棋直接开劫就很简明。

至白8，黑棋三子被吃，大败！

图四十

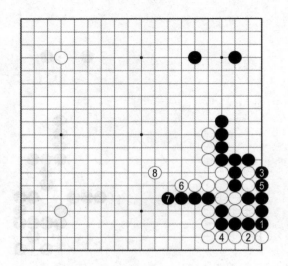

因此，黑1只好粘。

白2、4是愉快的先手，角上已经先手做活。

至白8，黑棋实空和厚薄都处于劣势，明显不利。

图四十一

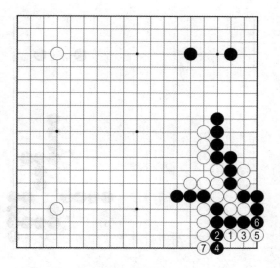

黑2冲，属于"送材料"。

白3爬，黑棋大块已经拜拜了。

至白7，黑棋只有两口气，慢一气被杀。

因此，白1托的时候，黑棋究竟该如何应对呢？

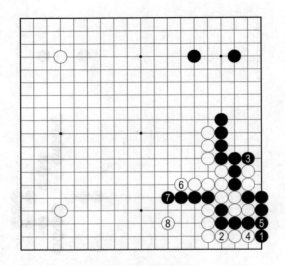

邹老师，其实我早就知道，但我就是不说，我还年轻。

好吧。暴露年龄的事，还是我来吧。

黑1小尖是局部的最佳下法。

印象中，之前的《围棋定式大全》书里记载过如此的进行。

至白8，我认为白棋稍稍有利。

但实际上，白棋还有更好的下法！

啊！这不都是命令式的进行吗？邹老师您还能玩出花样来？

图四十三

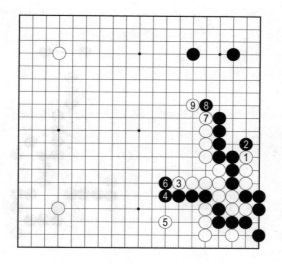

白1位爬，细腻！这才是更好的选择。

很多时候，那些绝对的先手，保留一下都会有好处。至少，您会多几个劫材。

白5拆出之后，黑6拐，关系到双方的厚薄，是兵家必争之地！而白7压的时候，我们注意观察黑棋边上的厚薄和上图的区别！

哦！邹老师，我懂了。角上不交换，黑棋边上气会有些紧。

不错！为师甚感欣慰！

图四十四

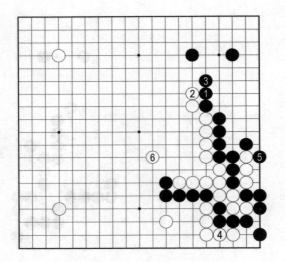

此时，黑棋下边气紧。

黑1只好退。白棋上边便宜之后，即可交换白4的先手。至白6，是白棋有利的局面。

局部的次序，同学们要好好体会一下。

如果是按照图四十二的进行，白棋右边就走不到了！

图四十五

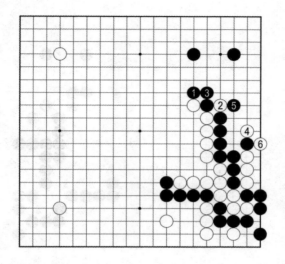

黑1如连扳，材料队大队长来啦！

此时，请保持好自己潇洒的手形。

毕竟，这种一剑封喉的机会并不是经常有的！

白2、4手起刀落，整个世界清静了。

白6打吃，白棋延出了气，黑棋的角就死了！

图四十六

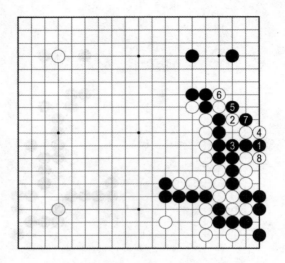

　　如果对手嫌死得不够多的话,可以尝试1位立。

　　至白8,黑棋终于满足了,全部阵亡。

　　谁敢比我惨!

　　过程中,黑3如直接5位叫吃,白可于3位扑,黑棋依然崩溃。

图四十七

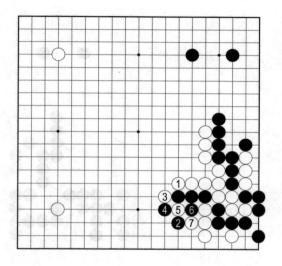

邹老师，我还有一个疑问。就是白1压这步棋，确定能压到吗？黑棋会不会反击呢？

我很负责任地告诉您："我确定、一定以及肯定，黑棋不能反击！"

黑2如跳下，首先得承受常人所不能承受的痛苦——脸被打成一个大包子！

图四十八

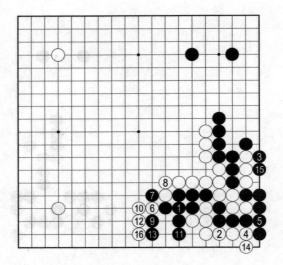

接下来，白2、4是先手。白6扳之后，是双方必然的进行。至白16，里面的杀气，黑棋最多是个后手双活。

黑棋大亏！

同学们可以自行验算一下，别一不小心把黑棋走死了。

图四十九

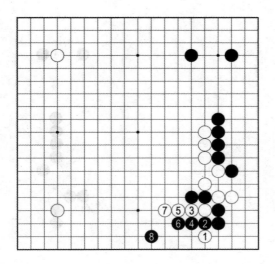

通过以上的变化，我们可以看出黑棋的作战始终是比较勉强的。因此，当白1跳的时候，黑棋正确的定型应该在2位冲出。

至黑8，AI老师认为是双方都可接受的定型。

邹老师，您就不能直接讲此图吗？绕一大圈，累不累啊！

呃……我只想证明，我懂得比较多。

"我可以划船不用桨，我可以扬帆没有风向"，我高兴，我乐意！

图五十

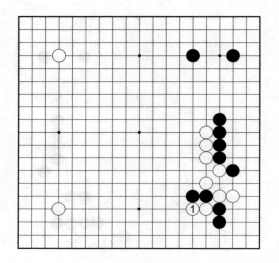

上图讲到的白1二路跳，并不是局部最佳的下法。

那么，此时白棋该如何进攻黑棋呢？

白1贴，比较少见的下法，但我曾经看到有学生这样下。

黑棋该如何防范是有一定难度的。

因此，我觉得还是有必要讲一讲的。

图五十一

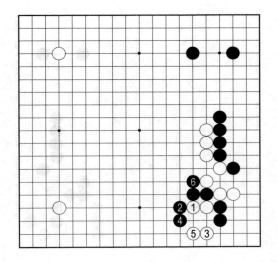

　　白1贴的时候，黑2扳是要点，接下来黑6拐是重要的一手！

　　邹老师，这几步棋的逻辑能详细讲一讲吗？

　　围棋变化实在太多了，如果展开了讲，又得讲个三天三夜。

　　因此，咱们不要十万个为什么，要学会"化繁为简"！

　　记住重点——黑2和黑6是关键的两步棋！

图五十二

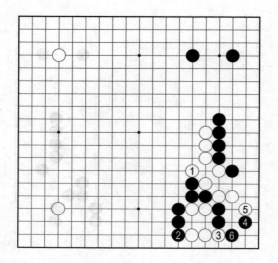

白1虎，中计，这是黑棋期待的一手！

黑2挡之后，黑4跳是局部的要点！

至黑6，白棋慢一气被杀。

邹老师，那白5长6位呢？

咱们接着往下看。

图五十三

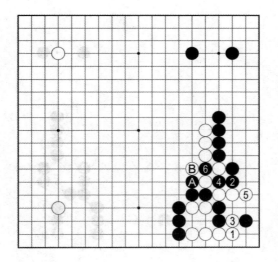

白1长，黑2顶，要求二路扳过。

白棋只好寻求转换，黑6提通后，黑棋外围太厚了，白棋不能接受。

此时，我们就可以看到，当初黑A与白B的交换，可谓深谋远虑。

图五十四

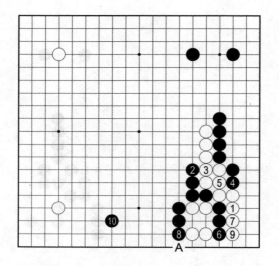

邹老师，白1吃角如何？

黑2长是愉快的先手。

接下来，黑4顶，让白棋"酥麻"了。

何谓酥麻？

就是白跟着应就酥，不应就麻，自行体会一下。

白5跟着应，黑棋目数已先手便宜。

接下来，黑6挡是好棋。至黑10，白棋的角大概15目棋，实空并不多。全局是黑棋有利。

注意，今后黑棋A位立，还是先手，白棋角里需要补棋。否则，黑棋有个一路扳回，大家自行计算一下。

邹老师，我还有一个疑问，白7为啥不往外面爬呢？

图五十五

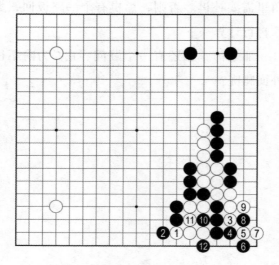

白1爬，确实是第一感。

但角里的棋形有气紧的缺陷。

黑8断到之后，白棋两边不入气，反倒被杀了！

所以，杀气的关键在于——不能被黑8交换到！

图五十六

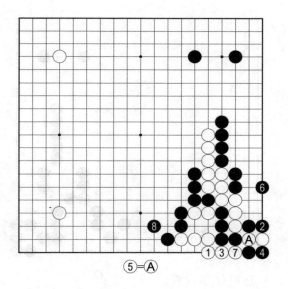

⑤=Ⓐ

白1弯，放大招啦！

角上白棋下出了精彩的手段。

利用经典的"大头鬼"，吃通了黑棋棋筋。

白棋一通操作猛如虎，可惜是个二百五。

纳尼！

邹老师，都把黑棋吃了还不行吗？

围棋就是这么奇妙！

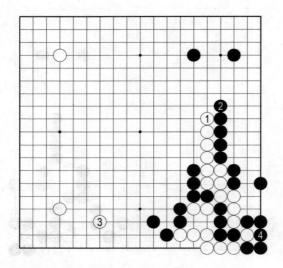

您再仔细看看。

白棋全局的空呢？

最主要的是，当黑4提回之后，白棋虽然吃通了黑棋四颗子，但注意看——白棋整块没有活净！

这么长的龙，今后还有被杀的可能，丢人啊！

邹老师，那白3干嘛不在4位提啊？

提的话，全局速度太慢，白棋形势只会更加恶化！

图五十八

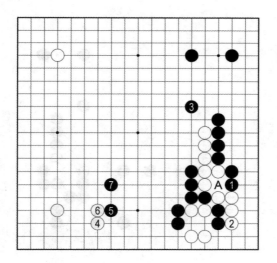

再回头看看黑1这步酥麻的顶。

白2是一种补棋方式。

大家注意！此时，黑棋A位断是后手，所以，不要急于进攻，要瞄着白棋的断点。

白棋如A位粘，属于后手抢单官的行为，苦不堪言。

瞄着A位的断点，才是对白棋更大的"折磨"，体会一下！

邹老师，您有点残忍啊！

难道您比赛的时候，见到过仁慈的对手吗？

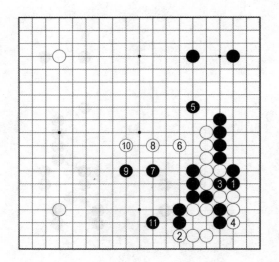

　　白如2位爬。此时，黑3断是先手，那咱们就不要客气啦！

　　黑5飞是要点，黑棋右上的阵势可观！

　　记住心法——攻击的目的是获利！

　　至黑11，是黑棋不错的局面。

图六十

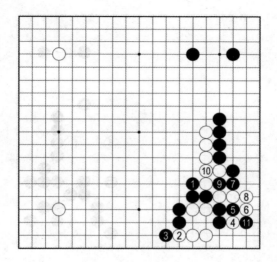

之前的变化都是黑棋不错。

因此，当黑1拐时，白2、4才是局部最佳的抵抗。

白6挡住，角里杀气黑棋是杀不过的。

黑只能7位顶，切断白棋外围。

黑11打吃，想寻求一些目数便宜，白棋需要小心应对。

图六十一

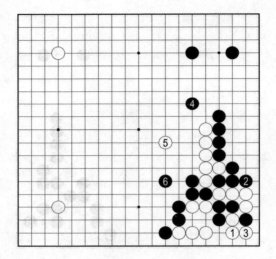

白1立，太老实了。

黑2先手挡，角上的目数已然获利。

至黑6，黑棋空多、棋厚，心情太愉快了。

"骑上我心爱的小摩托……"

对不起，没忍住，哼起了小调。

图六十二

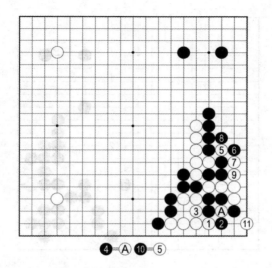

白1打吃才是正解。

角上滚包之后，白5断，上边继续滚包。

至白11，白棋吃住黑角。与上图作比较，白棋的目数明显优于上图。

邹老师，那黑棋都死了，形势咋样啊？

图六十三

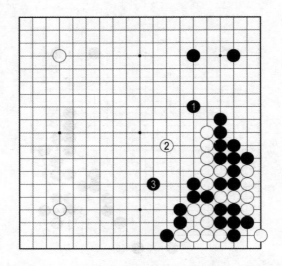

本图进行到这里，基本上是双方最佳结果。

白棋角上大概17目的样子。

AI老师认为，双方形势差不多。

而我个人是更喜欢黑棋。

图六十四

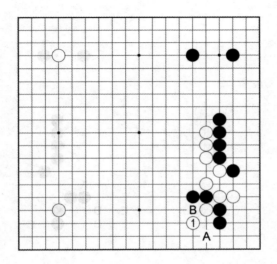

我们之前讲了白棋 A 和 B 两种下法，结论是：双方形势差不多。（参考：图四十九和图六十三）

实际上，A 和 B 都不是局部的最佳。

真正的主角登场了——有请汤姆克鲁斯！

白1小尖，才是局部最强的一手！

邹老师，下次能直接介绍主角吗？等得好辛苦！

下面，我们来欣赏一下这步——直击灵魂的小尖！

图六十五

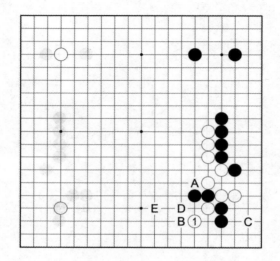

当白棋小尖的时候，黑棋抵抗的手段就比较多了，大致有 A、B、C、D、E 五种应法。

邹老师，这变化看起来不少啊，我晕！

先别急着晕。办法总比困难多！

其实和做数学题差不多，一层一层的问题解决下来，思路和逻辑就全清楚了。

因此，您要做的就是保持集中力，跟着我的思路听课就一定没问题！

图六十六

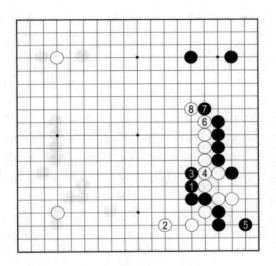

先来解决第一个问题。

黑1位拐，白棋该如何应对？

白2跳出是最简单的思路，黑3先手舒服一下，然后得角上做活。至白8，白棋看起来也还不错。

邹老师，这第一个问题好像挺容易解决的啊！呃，白棋好像缺了点什么……

我认为白棋还是应该再追求一下会更好！

不过，有追求就得有付出！

接下来的变化，同学们需要费点心思。

图六十七

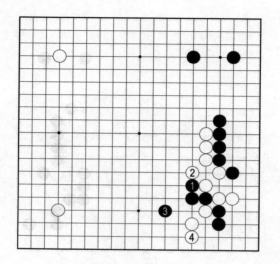

白2虎才是更强硬的一手！

黑3飞时，白棋的选择有很多种。

本着"化繁为简"的原则，邹老师经过层层筛选，给同学们隆重推荐白4的二路钉！

邹老师，黑1拐完再飞，这背后的逻辑是什么？

好问题！这位同学思考问题的逻辑非常好！

黑棋在此处实际上是有其苦衷的。

图六十八

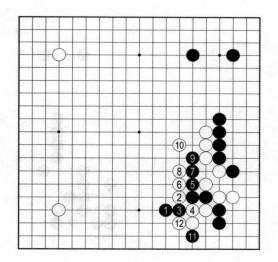

　　黑棋之所以之前要拐一下，是因为黑棋不能直接1位飞！

　　白2靠出，犀利！

　　这时候，您就像是佐为附体，身后闪着万丈光芒！

　　至白10，黑棋上边只有三口气，而下边，黑棋收不住白棋的气。

　　收不住气咋办？

　　只好投子，认输！

图六十九

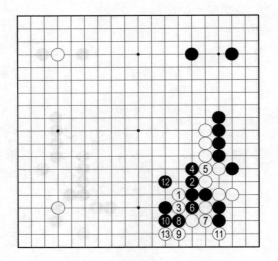

因此，白1靠时，黑2只能拐出。

白3贴，黑边上一子被碰伤，黑棋明显吃亏。

黑6打吃，企图找回些面子。

白棋简明处理即可。至白13，黑白双方各吃对方两颗子。可同样是吃子，双方所得到的目数差距肉眼可见。

围棋毕竟不是吃子的游戏！

图七十

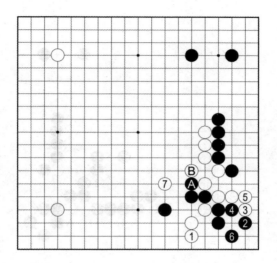

我们搞清楚了黑棋之前 A 和 B 交换的意图。

现在继续来讲白 1 之后的变化。

黑 2 如活角，白 3 先搜刮角部。

接下来，白 7 是不可错过的好点！

此时，注意观察对手的表情，99％ 的对手脸部都会痛苦地抽搐。

邹老师，那 1％ 的会怎样？

应该是睡着了吧！

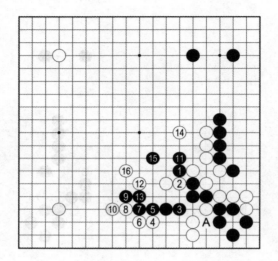

注意，白 A 位是先手，黑棋没法吃下边白棋！

黑 1 是此时最顽强的抵抗。

至白 16，尽管是混战，但明显可以看出黑棋是被动的一方。

图七十二

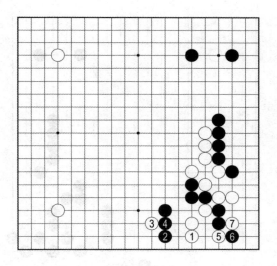

刚才讲了黑棋活角，作战不利。

那黑2跳下和白棋杀气如何呢？

白3先手便宜一下，白5托是局部的要点！

请牢记白5，这是重要的知识点！

把关键性的手段记住，我们实战中就很好掌握了，这实际上和解数学题的逻辑是差不多的！

黑6扳，白7扭断是紧气的好手。

图七十三

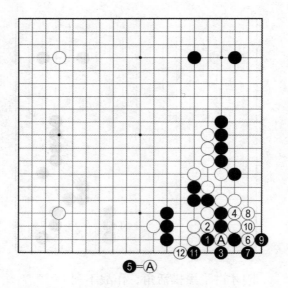

来看看局部的对杀。

黑7一路扳是局部的好棋，角部有个打劫。

但可惜的是，黑棋没有劫材。

至白12，黑棋打不过劫，失败。

图七十四

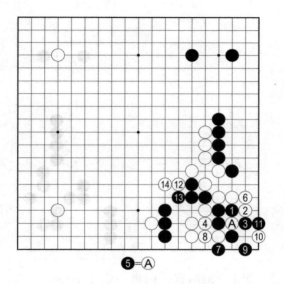

⑤=Ⓐ

黑1从这边冲，被白滚包，黑角部的气依然很紧。

黑9倒是可以顽强做劫，但角上是缓气劫，白棋都可以脱先了。

至白14，黑棋外面的棋形已苦不堪言，角里还是个打劫。最惨的是，打劫还打不过白棋。

谁敢比我惨！

图七十五

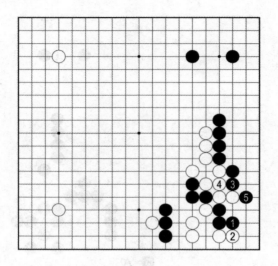

黑1弯的时候，白棋一定要小心。

白2随手一爬就坏菜了。

至黑5，黑棋连回去了。

我猜中了开始，却没有猜中这结局。

图七十六

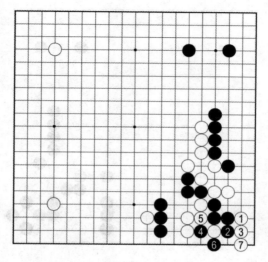

要记住白1托！要身披金甲，驾着七彩祥云！不要让紫霞姑娘失望了！

黑2如拐，接下来是必然的进行，至白7，黑棋被净杀。

图七十七

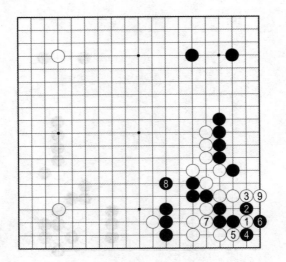

黑2扳这里，白3、5是紧气的关键！

至白9，黑棋依然被净杀。

邹老师，黑8为啥要脱离主战场？角上好像还有些手段啊！

这位同学，棋力不错哦！

看来是瞒不过去了。

图七十八

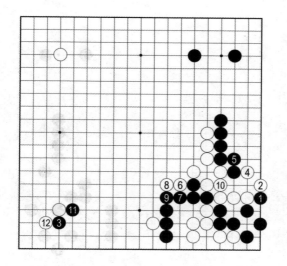

黑1扳，角上确实有个打劫。

但可惜的是，黑棋依然没劫材。

谁敢比我惨！

黑3寻劫，白棋可置之不理。

白6、8两手让黑棋"酸爽"之极！

至白12，黑棋左边获得的收益无法挽回右下角的损失，白棋明显优势。

图七十九

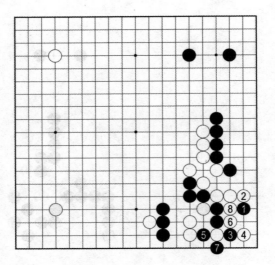

黑1跳也不行。

记住关键性的一手——白4二路夹！

黑棋角里无论如何都杀不过白棋。

图八十

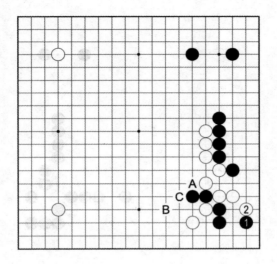

总结一下。

之前我们讲到，黑 A 位拐是不行的！

黑直接 B 位飞，白棋可 C 位跨出，黑棋也要坏菜！

好啦，第一个问题解决了。来看看第二个问题。

黑 1 跳，会如何？

白 2 阻断，最狠。如果您一定要这么不给黑棋面子的话，我也支持您！

不过，本着"化繁为简"的宗旨，我还是想给大家推荐更为简明的应法！

图八十一

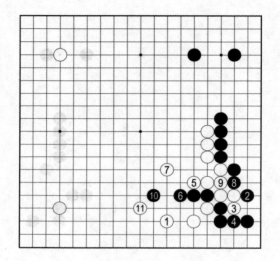

　　我认为，白1简单跳出即可，瞄着对黑棋角上的搜刮。

　　黑2大概只好连回。至白11，外面的战斗，白棋明显处在有利的位置！

图八十二

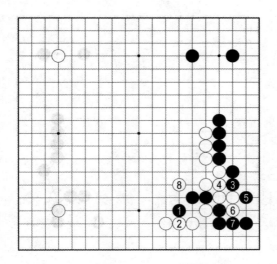

黑1先刺，交换一下其实也未必便宜。

白棋现在就改为8位跳，黑棋棋形已动弹不得，大致只好弃子。

至白8，依然是白棋不错的局面。

图八十三

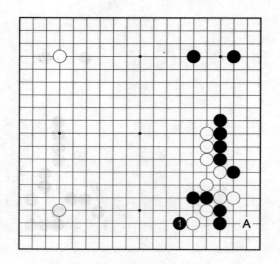

A位跳的问题，咱们也解决啦。

来看第三个问题。

黑1靠下会如何？

大家注意！

黑1靠这步棋，黑棋必须得征子有利。

否则，黑棋是要坏菜的！

比如，此局面下，黑棋马上就要掉坑里了！

图八十四

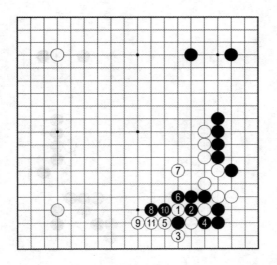

白1、3是局部的强手！

"轻轻的我将离开你，请将眼角的泪拭去。"

黑4拔花在里面，白5拔花在外面，黑棋内心的酸楚只能默默承受。

至白11，黑棋明显苦战。

邹老师，那和征子有啥关系呢？

图八十五

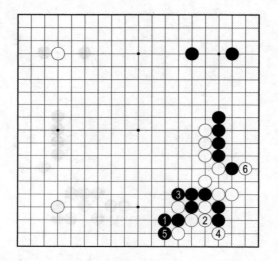

其实本来黑棋的计划是1位长的。

但白2粘的时候，黑棋发现征子不利，

只得黑3拐吃，紧急实施了B计划。

邹老师，这计划好像太草率了。

呃……又不是我计划的，也怪我头上吗？

至白6，黑棋明显吃亏。

图八十六

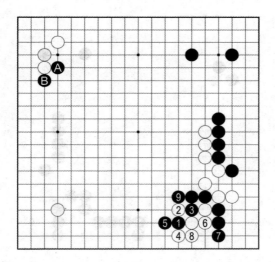

在此局面下，黑棋征子有利，白棋就有些苦了。

黑7可以抢先立，交换一手。

黑9之后，白棋就要开始爬二路了。

因此，我们可以看到黑1靠这步棋和征子的关系。

邹老师，那黑棋征子有利时，白棋该如何应对？

放心！兵来将挡，水来土掩，我自有妙计。

图八十七

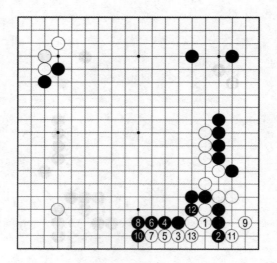

当黑棋征子有利时，也不要慌！

白1冷静团即可。

黑2立，白棋扳完连爬几步，黑外围有缺陷，黑8扳不住，只能长。

白9飞，吃住角部即可。

至白13，是白棋稍稍有利的结果。

图八十八

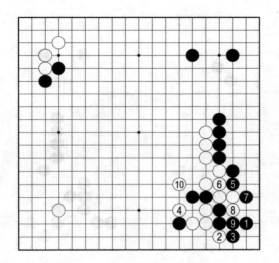

黑1往角里跳，白2交换一手，4位扳出即可。

黑5大致只好连络，至白10，依然是白棋不错的局面。

图八十九

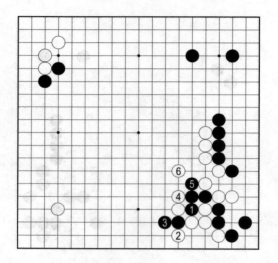

接上图，白扳出时，黑棋是不能1位断的！

白2打吃至白6枷，黑棋棋筋被吃，崩溃了！

好啦，咱们第三个问题也解决了。

是不是越来越清晰了？

对吧，办法总比困难多。

图九十

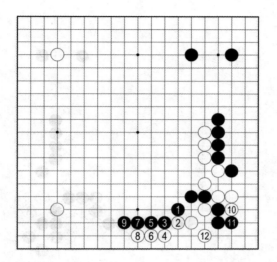

来看看黑1小尖的下法。

白2爬，黑3位扳，过分了！

白4扳，连爬几下之后，白10拐，是比较
简明的下法。

白10虽未必是绝对的一手，但却是控场的
重要手段，请牢记这步棋！

黑11拐，白12小尖，继续威胁黑棋。

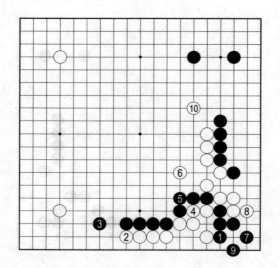

接上图，黑1挡角。

此时，白棋不去吃黑角是更为简明的选择。

白6飞，防黑棋的点刺。

黑7角上后手做活，没有想象中那么大。

白10关系到双方的消长，价值并不比吃角小！

至白10，白棋空多、棋厚，没有不满的道理。

进程中，黑7如果占10位的大场，白则8位弯，吃角。

邹老师，白4不能直接在8位弯吃角吗？

也是可以的。不过，黑在6位飞的价值很大。

图九十二

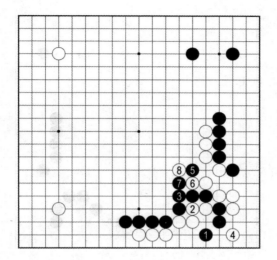

之前，黑棋如在1位小尖，白2挤是先手。

白4跳，即可吃住黑角。

注意！黑5这步点刺，是不能让黑棋点到的。

白棋会冲断反击！

记住这个局部的要点，不要轻易让黑棋点刺到，绝大多数情况下，白棋都会反击！

图九十三

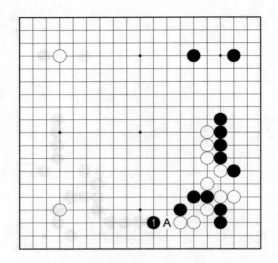

之前讲到黑棋 A 位扳不好，那黑 1 飞会如何？

先提前给同学们预警，接下来的变化比较复杂，邹老师也没有闲情和大家开玩笑了。

请一定保持集中力，一气呵成。

如果没有富裕的时间，建议先把书扔一边！

邹老师，您说好的化繁为简呢？

我也没办法，这贴身肉搏，简化了怕您看不懂啊！

图九十四

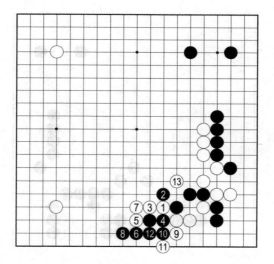

白1扳出是局部的最佳应对。

白9弯时，黑棋有两种选择。

黑10挡，白棋13位点刺是简明的应对。

等一下！邹老师，黑10还有别的选择吗？

别着急，我们之后会讲，先看看本图的变
化。

图九十五

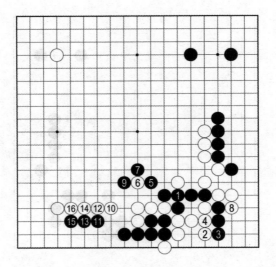

　　白棋点刺时，黑棋如1位粘，白2、4是局部的强手！

　　黑棋气不够。黑5往外出逃，白6与黑7交换是重要的次序！交换之后，白8再吃住黑角。此时，黑棋已经吃不住白棋外面四颗子。

　　至白16，白棋作战明显有利！

　　邹老师，我有好几个疑问。

　　黑9没办法吃白棋吗？

　　黑7必须要走吗？

　　黑5继续杀气会如何？

黑1一定要粘吗？

哇塞！您这是拿着砂锅片在问啊！还好我有所准备。

图九十六

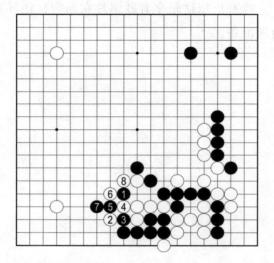

先回答您第一个问题。

黑1点是吃不住白棋的。白2跳，以下至白8，白棋成功脱逃。

图九十七

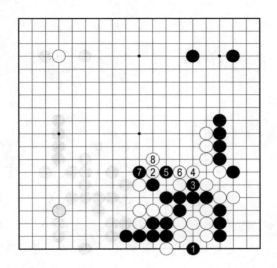

第二个问题。

黑棋上边必须要应！

黑如 1 位点，杀白棋，白 2 扳之后，黑棋上边出不去。

而局部杀气，黑棋气也不够。

至白 8，黑棋崩溃。

同学们可以自行验算一下。

图九十八

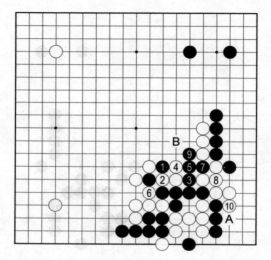

　　黑1直接扳这里是具有迷惑性的一步。

　　可惜黑9冲出时，白棋有10位拐的好棋，A、B两点见合了，黑棋崩溃！

图九十九

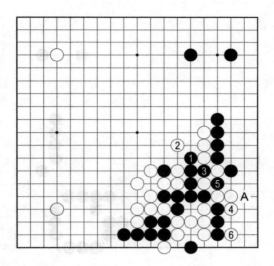

接上图。

黑1从这里冲，白2枷，黑3吃的时候，白棋需要小心！白切不可5位粘，否则，黑棋A位顶，白棋就拜拜了！

白4拐才是局部的正解！

黑棋气不够，只能5位提，至白6，黑棋大败！

图一百

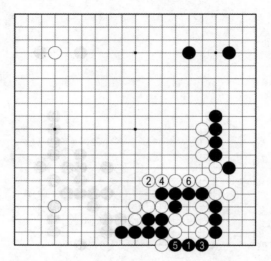

第三个问题，黑棋直接杀气会如何？

黑1点，至白6，黑棋两边不入气，慢一气被杀。

邹老师，黑3能往外面突围吗？

图一百零一

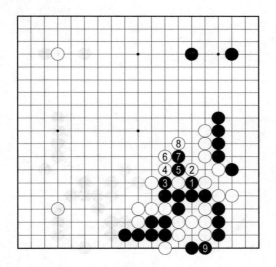

黑棋往外突围时，白棋需要小心！

白4太鲁莽啦！

至黑9，同学们请仔细计算一下，白棋的气已经不够了。

白4就是传说中的"猪队友"！

图一百零二

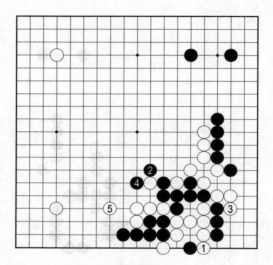

此时，白1挡下才是绝妙的一手！

黑2只得往外跑，白3吃住角，白5逃出即可，黑棋大败！

邹老师，黑2要是不跑呢？

那只会输得更惨。

图一百零三

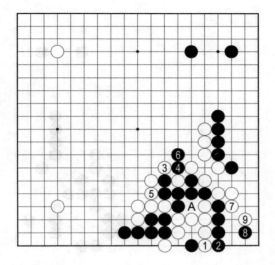

黑2如继续下边紧气，白棋下法就很多了。

白3是最简单的应对，白7拐，角上紧气即可。

至白9，黑棋A位不入气，黑角里慢一气被杀。

图一百零四

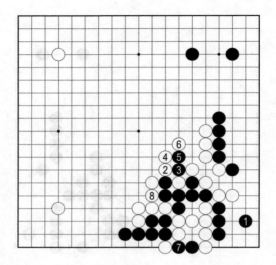

黑1往角里跳，延角上的气。

白2、4可以封住黑棋。

至白8，大家自行验算一下，局部是个打劫。

白棋先手提劫，黑棋崩溃！

图一百零五

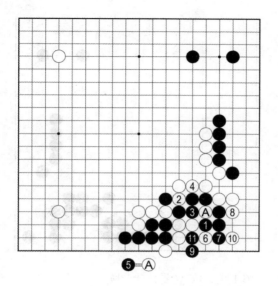

第四个问题。

黑棋不粘，于1位吃会如何？

白2、4是愉快的先手滚包。

白8拐，是对黑棋灵魂的考验。

黑9吃是可以吃住白棋，但目数被搜刮太

惨，至黑11，黑棋明显不利！

图一百零六

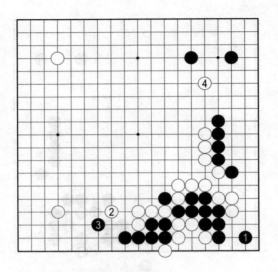

黑1跳，实空要比上图好。

不过，白2跳是有先手的意味。

黑3大致需要飞出。

白4吊，仗着下边的厚味，破坏黑阵即可。

如此，依然是白棋不错。

图一百零七

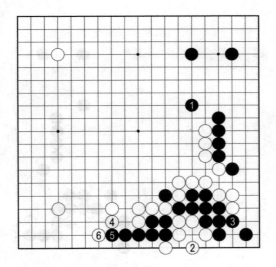

黑1抢占上边的大场。

白2做眼，黑棋下边的味道极恶！

黑3补角上，白4堵住外围，里面黑棋还留着一个劫。

下边本来就是黑棋的空，无端生出一个劫，黑棋明显吃亏。

图一百零八

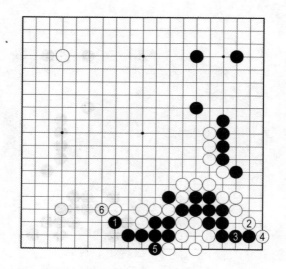

黑1从这边出头。

白2尖，黑棋很难受。

至白6，黑棋角上依然留着一个劫。

好啦，之前您问的四个问题都依次解答了。

我再免费送您一个问题！

图一百零九

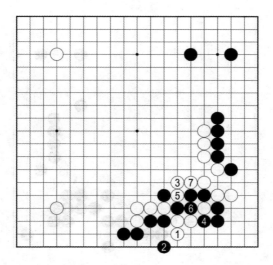

还记得我之前提到过，白 1 弯的时候，黑棋还有其它的选择吗？

黑 2 跳，是局部更顽强的抵抗！

白 3 其实还有别的选择，但过于复杂，在此就不推荐了。白 3 点刺依然是此时简明的应对。

黑棋如 5 位粘，白棋就依照前面讲过的下法依葫芦画瓢即可！（可参照图九十五）

黑 4 吃是此时的最佳应对，黑棋已占了一些便宜。

咦？邹老师，黑棋哪里占便宜了？

图一百一十

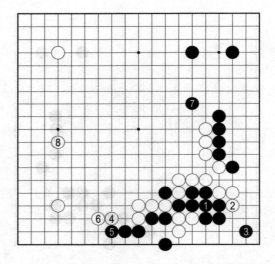

　　与图一百零七比较一下，黑棋下边的味道要比之前好多啦！

　　不过，即使黑棋局部占了些便宜，但整体来看，黑棋也难言满意。

　　至白8，依然是白棋稍稍有利的局面。

图一百一十一

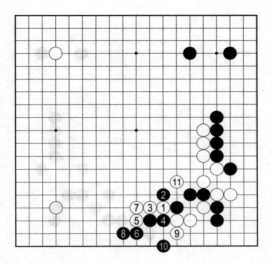

总结一下！

黑棋飞罩稍显过分。

白1扳出有力。

白9弯时，黑10跳是最顽强的抵抗。

白11是局部最为简明的定型。

双方大致会像上图一样进行，依然是白棋有利！

因此，对于黑棋飞罩的手段——破！

邹老师，我还有一个疑问！

图一百一十二

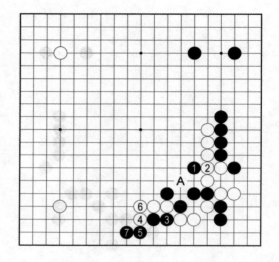

　　黑棋之前要是能 1 位刺到，白棋不是就点不到 A 位了吗？

　　哇！能想到黑 1 点刺，您的水平不一般啊！所以，白棋一定不能被黑棋点刺到！

图一百一十三

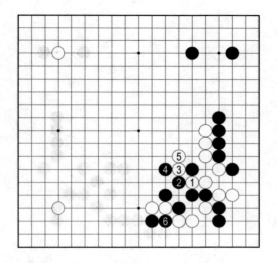

黑棋点刺时，白棋必须1位反击！

交换几步之后，黑6再断下边，作最后的抵抗。

注意！黑棋的气非常紧，已经处于崩溃的边缘。

白棋该如何爽快地解决黑棋呢？

图一百一十四

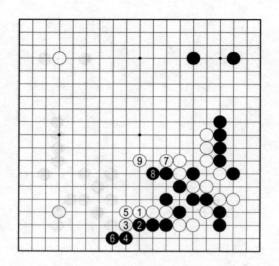

白1长即可！

黑棋下边得延气。

白获得3、5的先手之后，白9枷住黑棋。

由于黑棋自身的气太紧，我抱歉地通知——黑棋已经死翘翘啦！

同学们可自行摆一摆，验算一下局部，我就不展开讲啦。

图一百一十五

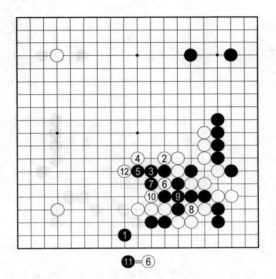

⑪＝⑥

黑1飞，也不行。

白4枷，黑棋依然跑不出去。

白6扑，至白12，黑棋被滚打包收了。

黑棋惨不忍睹！

图一百一十六

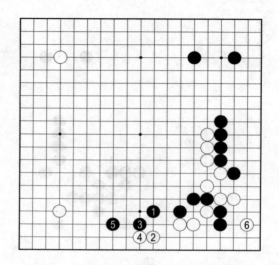

　　好啦，之前讲过黑棋扳和飞，都不太好，那来看看黑1跳的下法。

　　白2二路飞是局部的要点。

　　黑3、5继续堵外围，有些失去理智。

　　至白6，白棋吃这么大一角，明显有利。

图一百一十七

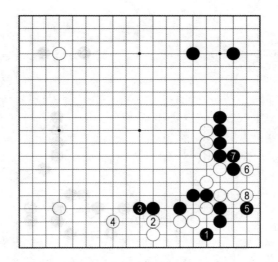

黑1小尖活角才是此时紧要之处。

记住两个关键之处！

1、白2顶是局部的棋形要点！

2、白6夹是局部的好次序！

黑7粘，白8位挡，与直接8位挡比较，白6与黑7的交换，白棋目数便宜了。

图一百一十八

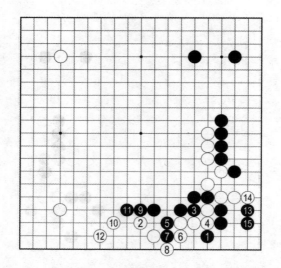

黑1小尖时，白棋如2位尖出，则正中下怀。

黑3可以打吃，要求吃通。

白4粘，被黑棋5位虎，至黑15，我们可以看到这一带的棋形，明显有被黑棋便宜的感觉。

所以，上图中白2顶才是棋形的要点！

图一百一十九

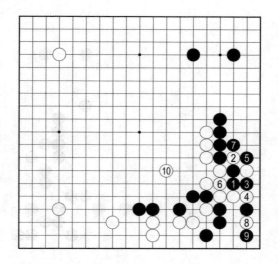

图一百一十七中，白棋二路夹时，黑1顶是最强抵抗。

白2断，是精彩的手段，千万不要错过了。

黑3中计，黑棋局部落了后手，至白10，黑棋被动。

进程中，白8交换一手的目的是为了防止黑棋渡过。

图一百二十

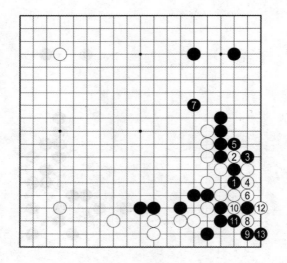

　　黑3打吃才是正确的应对，局部一定要争先手。

　　黑7扩张上边阵势，是诱人的大场。

　　至黑13，形势很难判断优劣。

　　但接下来，AI老师开始教招啦！

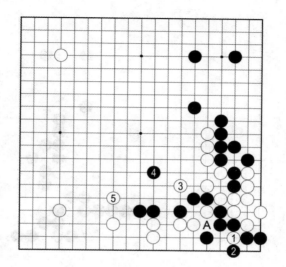

白1断，真是绝妙的一手，围棋真是太有趣了！

邹老师，这步棋啥意思？

试个应手！问问您今天想吃蔬菜还是鸡肉？

您想吃鸡肉，咱就给您上蔬菜，总之对着干就是了。

黑2打吃，白棋A位是先手，3位跳，拿住黑棋棋形要点，至白5，我认为是白棋稍有利的战斗。

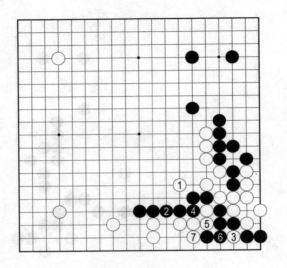

看下这里的区别!

白如直接1位跳,黑2粘,白棋棋形有缺陷,黑棋有吃通的手段。

白3现在断就来不及了!至白7,白棋局部落了后手。

白3不断,黑棋4位吃,即可吃通连络。

白3如果在4位挤,虽是先手,但外围又损了,白棋不如上图。

图一百二十三

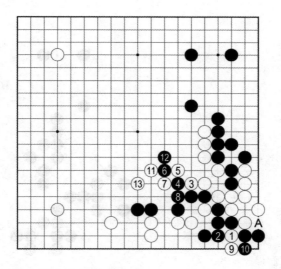

感受到白1断的妙味了吗？

感觉是个骗着！邹老师，黑2打吃这里就好啦！

黑2打吃，白3贴是要点。

黑4、6连扳，要求整形。

此时，白9立，又是绝妙的一手！继续问您今天吃啥？

黑10吃这边，白A是先手，白棋整块已经活净了。

白11打出，黑棋单方面逃跑，明显苦战！

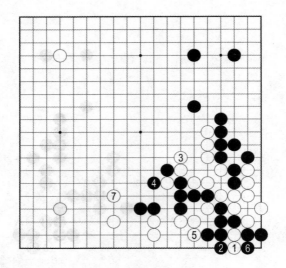

邹老师，那我黑2吃这边呢？

吃这边白棋就算了。白5挡是先手，目数已经便宜了。

如果没有之前的妙手，白直接在5位挡是后手，这就是白棋便宜之处！

确实是妙啊！邹老师，我有点明白了。

至白7，我认为是白棋稍稍有利的局面。

图一百二十五

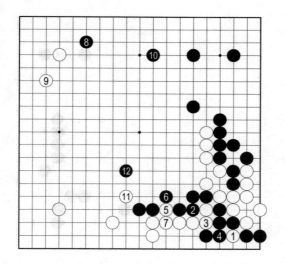

　　白1断时，黑2位打吃，AI老师提供了一个很有趣的思路。

　　接下来，白5挖接破坏黑棋外围的棋形。黑8脱先，将下边整体看轻，扩张上方的势力。

　　至黑12，AI老师认为是白棋稍好。

　　就我个人来说，本图的优劣其实挺难判断的。我个人认为本图是双方都可下的进行。

　　邹老师，您居然不信AI啊？

　　邹老师一旦倔强的脾气上来了就只相信自己！

图一百二十六

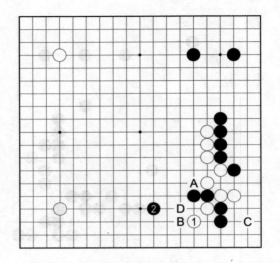

对于白棋小尖，我们之前讲了黑棋 A、B、C、D 四种应法，结论是白棋都还不错。

是不是逐渐明朗啦！

迷雾总会散开，只要够耐心，办法总比困难多！

接下来，让我们攻克局部最后一个难题——黑2大飞！

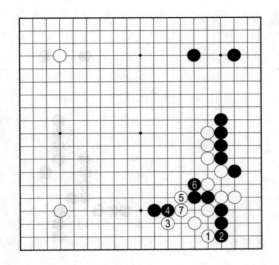

黑棋大飞的时候，白棋其实还有别的应法。

但咱们的宗旨是——化繁为简！

因此，邹老师向同学们强烈推荐白棋1、3的下法！

黑4上压，中计。

白5跨出，犀利！黑棋棋形裂开，明显不利。

图一百二十八

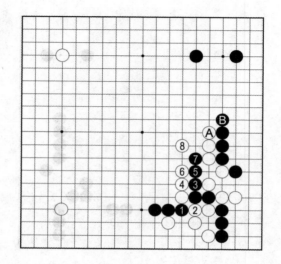

黑1冲，不行。至白8，黑棋被枷吃了。

还记得当初白A与黑B的交换吗？这就是白棋交换的重要性！

确实如此啊！邹老师，如果没有A与B的交换，白棋是吃不住黑棋的。您真是神机妙算，料事如神啊！

这位同学，您真不愧是星宿派的传人啊！

图一百二十九

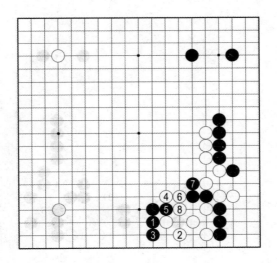

那不能上压，黑1挡这边会如何？

白2虎，冷静的好棋。

来看看白棋的意图。

黑3立，白棋掐指一算，吉时已到，至白8，恭喜开业大吉！

原来白棋一直瞄着白4的跳出啊！

不然呢？您觉得白棋脾气好就要欺负吗？

图一百三十

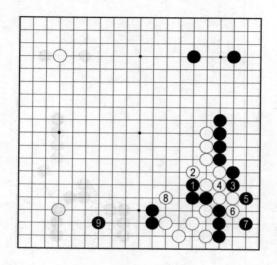

接上图。

黑 1 拐，防白棋上图中的跳出。

白 2 如跟着应，黑棋可下边连络，弃掉外边三颗子。

至黑 9，黑棋尚可一战。

意不意外？

因此，白 2 有中计之嫌，白棋有更好的应对之法！

图一百三十一

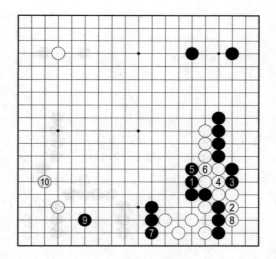

下围棋，只有明白了对手的意图，思路才能清晰！

白2拐角里，阻止黑棋下边的连络，才是更好的应对。

黑棋大致只能弃掉角部。

至白10，白棋没有不满的道理。

图一百三十二

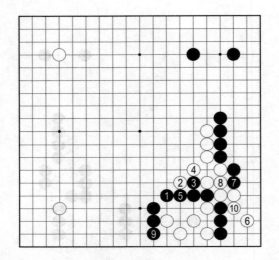

来看看黑1小尖会如何？

其实，此时白棋局部有多种选择。

而邹老师专治选择困难症！

本图的进行，不一定是最好的，但我认为是最容易掌握和理解的，强烈推荐给同学们！

白2先手交换是防止黑4位点刺。

白6飞，吃住黑角是局部最为简明的定型。

至白10，是白棋稍稍有利的局面。

注意！白10是不能脱先的！

图一百三十三

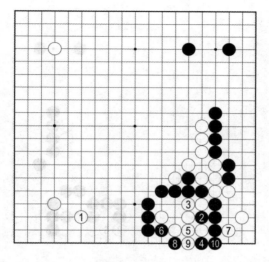

角上的对杀看起来似乎黑棋气不够。

但此局部黑棋有 8 位扳一路的好次序，至黑 10，黑棋刚好快一气杀白。

图一百三十四

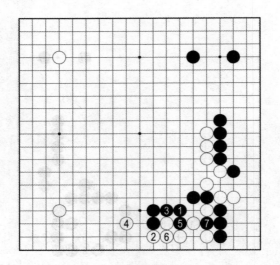

　　再来看看黑1小尖此处的下法，黑棋的目
的还是要防白棋跳出。还记得图一百二十九
吗？那种大腿拉伤、撕裂的疼痛感，相信没几
个人愿意再尝试一次。

　　白2路虎，瞄着3位的冲断，黑3补棋不得
已。

　　不过，白4草率了。至黑7，黑棋吃通之
后，整体变厚，白棋上方就显得薄弱了，黑棋
有利。

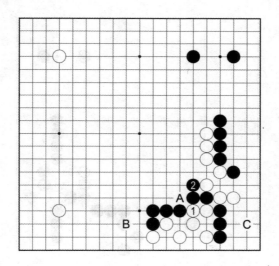

接上图。

白1团是此时关键的次序，一定要牢记！

黑2必须补棋！否则，白A位打吃，黑两子棋筋跑不出去！

黑2拐之后，白棋面临选择。

是B位飞出，还是C位吃角呢？

邹老师，白棋当然吃角啦！这么大个角，没有不吃的道理啊！

好吧，贪念是一切罪恶的根源。

图一百三十六

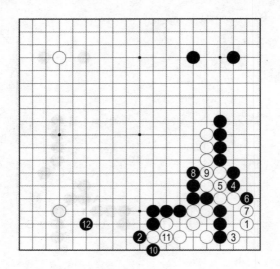

白1选择吃角。

黑4、6、8的次序很巧妙，值得好好体会。

至黑12，是黑棋不错的局面。

邹老师，您没搞错吧？白棋吃这么大的角，居然还亏了？

您看到的只是表象。右下角那条看似肥美的烤羊腿，其实可吃的肉并不多！

图一百三十七

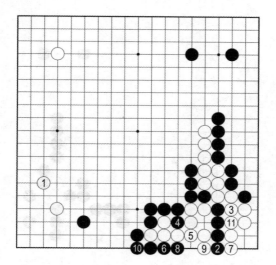

接上图，我们来看看黑棋角部留着的收束。

黑2立，白3收气，黑可4位挤。

局部的计算大家可自行验算一下。

至白11，是局部双方正确的应对。

这只烤羊腿，原来注了水，现在原形毕露，您觉得这羊腿还肥吗？

图一百三十八

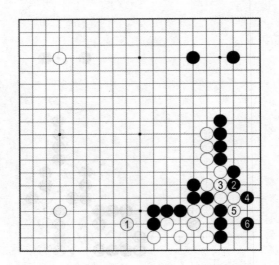

　　回头来看，白棋还是要顶住诱惑。白1飞出，才是更好的选择。

　　黑2、4、6是局部的好手，黑棋角上获利也不小。

　　接下来，白棋中腹该如何定型呢？

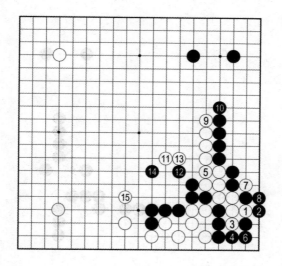

白1、3、5、7、9是白棋的先手权利。

白11跳出，瞄着黑棋的点方，给黑棋施加压力，是此时攻防的要点。

黑12、14大致需要防守，至白15，中腹的黑白两块棋，白棋明显处于攻势，因此，是白棋不错的局面。

图一百四十

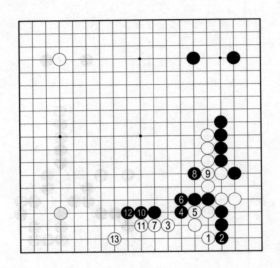

之前我们讲到，对付黑棋大飞，白1、3是局部我认为最为简明的下法。

黑4此时小尖，白5团依然是局部的要点！接下来，大致是双方必然的进行。

黑12长时，白棋面临选择。

白13飞出是AI老师推荐的首选。

居然不吃角，我有些难以理解！

图一百四十一

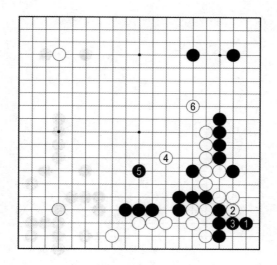

白棋飞出，黑棋自然要做活角上。

至白6，形成混战。

注意，黑棋角上是活棋！

本图的进行，AI老师认为是白棋不错，胜率可能有70%左右。胜率看起来是挺高的。

可是以人类的能力来看，要想把控此局面是有相当的难度的。至少，以我的水平还看不出白棋有这么大的优势。

因此，我个人并不太接受AI老师的首选建议！

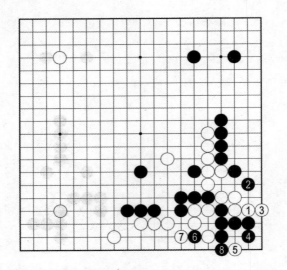

白1挡是大恶手！

黑2可小尖，角部黑棋死不了。

黑6挤，是局部的好棋，至黑8，黑棋是净活！

白1与黑2交换之后，胜率就只剩下不到60%。

AI老师是非常严格的！

图一百四十三

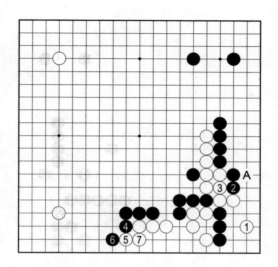

白1吃角是我更喜欢的选择。

黑2先顶次序很重要！

黑2如先4位拐，白棋会A位夹。

至白7，与图一百四十一比较，局面没有那么乱，而本图白棋实空较多，我个人认为更容易把控局面。

我终究还是个俗人，逃不过对"现钞"的诱惑。本图白棋的胜率大概在65%左右。

请原谅我的任性，我就是喜欢自降胜率的操作！

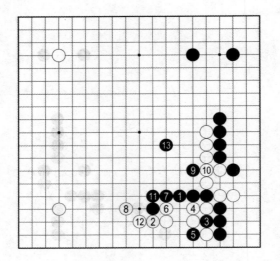

　　之前的下法黑棋都不太好，看来问题出在了前面。

　　黑1并，是不易想到的一手，也是AI老师对此局部给出的首选建议！白2爬，有中计之嫌。

　　至黑13，形成势均力敌的战斗，黑棋比之前形势要好，一举扳回了局面。

　　进程中，白8飞这步棋是值得我们学习的一手！

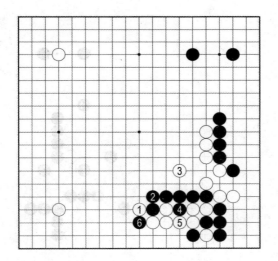

这种地方，我们总习惯性地 1 位打吃，先畅快了再说。

但舒服完了之后，发现还是需要补棋。白 1 交换之后，下边无论补在哪里，白棋棋形都不如上图。

而白棋不补棋，下边的断又扛不住。

现在咱们再回头品一品上图白 8 的飞，是不是体会就不一样了。

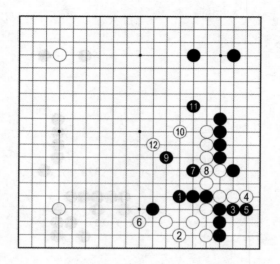

黑1并的时候，白2虎依然是局部的要点。

白2虎，既加强了自身的眼形，又防止了黑棋吃子的手段。

黑棋拿不住下边白棋，黑3只好做活角部。

至白12，形成混战，我认为是双方非常接近的局势。

进程中，白8也可以考虑反击。

图一百四十七

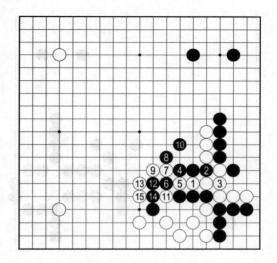

白棋 1 位冲，是可以考虑的反击手段。

至黑 10，是必然的进行。

接下来，白 11、13、15 是需要牢记的关键手段！

邹老师，黑棋不是全死了吗？

别太在意生死，向死而生！

呃……邹老师，您不当哲学家可惜了。

其实，要不是有 AI 老师，我也想不到黑棋还能弃子！

图一百四十八

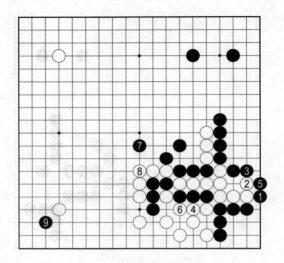

接下来，黑1扳与黑7飞都是黑棋的先手权利。

黑9点三三是诱人的大场。

如此，是白棋稍稍有利的定型。

无论是本图，还是图一百四十六，我认为尽管是白棋稍稍有利，但双方的差距并不大，胜负依然漫长。

邹老师，您更倾向于哪种定型？

相较于图一百四十六，我个人更倾向于本图白棋的定型。

图一百四十九

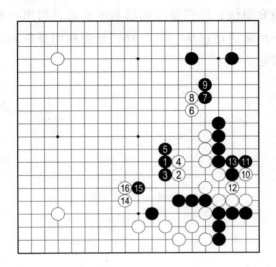

邹老师，黑1直接飞，下一步再刺，如何？

如同人生一样，机会错过了，就很难扳回来了。

"考试考砸了，下次我一定考好。"

"如果可以重新开始，我一定好好努力工作。"

"如果这步棋我走这里，这棋就不会输了。"

可惜，人生没有如果……

"假如把犯得起的错，能错的都错过。"

邹老师，您冷静！

对不起，我好好上课！

白2飞是眼形的要点！白10夹，下边白棋留有眼位，白棋整块棋已基本安定，而黑棋右下角味道还很坏。至白16，是白棋明显有利的战斗。

图一百五十

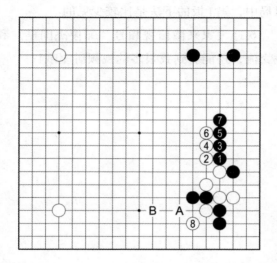

好啦，本册就要接近尾声了，该说下结论了。

本册重点讲解了黑1扳起的下法。

白6压完之后，8位小尖是局部最佳的手段。

而黑棋在众多应法中，我个人认为黑棋A和B的两种抵抗是形势最为接近的应对。（图一百二十五和图一百四十七是比较接近的形势，辛苦同学们往回看一下）但整体来看，都是白棋稍稍有利的战斗。

因此，我们可以看到，在顶尖高手的实战对局中，黑1扳的下法是比较少见的。

　　欢迎大家来微信视频号"邹俊杰围棋"和我交流，还能看到我很多的视频讲座哦！

图一百五十一

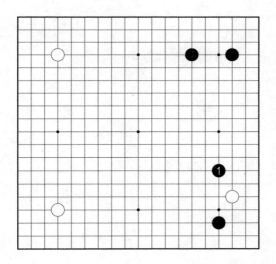

　　"小目低挂一间低夹"的定式咱们本册就讲完了。

　　难吗？一定会有些难！

　　但无论多错综复杂，行棋是一定有其逻辑性的。我们只要找到了源头，顺着逻辑，抽丝剥茧，就会慢慢接近并找出真相！

　　因此，我们学习定式不仅仅是学习具体招法，还要学习其背后的行棋逻辑。逻辑通了，您任督二脉就打通了！

　　下册我们讲：小目低挂一间高夹的下法。